JN411327

글시네 여섯 번째 글모음

그리움이 그리움에게

그리움이 그리움에게

초판 인쇄일 • 2017년 11월 25일

초판 발행일 • 2017년 11월 28일

지은이 • 글시네

펴낸이 • 강옥현

주　간 • 양재일

디자인 • 김양길

펴낸곳 • 도서출판 오감도

서울시 중구 을지로3가 268 유일빌딩 604호

출판등록 1998년 10월 15일 제10-1651호

전화 010-3206-2591 031-773-2591 031-775-0161(팩스전용)

메일 2277yang@hanmail.net

ISBN 978-5698-347-9 03810

발간사

우리 성장의 원동력은 작은 마음까지 살피고 보듬으며 부족하고 서툴지만 함께여서 빛이 날 수 있다고 생각합니다.

우리 글시네는 화려함과는 거리가 멀고 향기 없는 꽃으로써 아파하는 날들이 많았습니다. 하지만 포기하지 않았고 넘어지지 않았습니다. 우리가 하는 말이나 움직임이 너무 더뎌 보이지 않지만 개미허리만큼 조금씩 성장하고 있음을 알기에 가을 낙엽처럼 떨어져 사라지는 아쉬움이 남더라도 포기할 수 없습니다. 오늘 이 자리는 그러한 아쉬움을 풀어내고 우리의 삶이 세상 속에서 작은 빛이 되었으면 하는 소망의 자리입니다. 견고해진 넉넉함으로 세상과 소통할 수 있는 시간이 되고 향기 없는 향기가 퍼져나가기를 바라는 뜻이 있습니다.

서리를 밟으면 얼음이 되는 것처럼 어려움이 많았던 한 해를 마무리하면서 2018년을 준비하는 마음으로 가느다란 뿌리에 양분을 주듯이 세상을 향해 나아가는 자리였으면 좋겠습니다.

다소 미흡하고 부족하지만 따뜻하고 애정 어린 격려의 박수를 보내 주시기 바랍니다. 개미허리만큼 짧아진 가을볕을 보내며 화려하진 않지만 온몸과 마음을 다하는 보석 같은 마음들을 격려해 주시고 하나하나 완성되어지는 모습들에 뜨거운 박수로 환호하여 주시기 바랍니다.

날카로운 격려와 더불어 따뜻한 채찍도 함께 주십시오. 시간이 쌓이고 해가 거듭될수록 우리는 더욱 성장할 것입니다. 행복한 동행에 함께하여 주셔서 다시 한 번 감사의 인사를 전합니다.

2017. 11. 24.

글시네 문학 황민규

고영미

김순화

박미용

박봉수

성수연

양수경

윤정열

고영미

경기도 평택 출생, 서울 정의여고 졸업, 도봉사랑길장애인자립센터 근무했음. 글시네 회원.

태종대에서의 짧은 外遊 (외 3편)

고 영 미

20대 중반에 처음으로 홀로 모험 길에 올랐을 때 첫 여행지로 잡았던 곳이 태종대다. 남들은 20대 하면 풋풋하고 신선하고 마치 포도가 영글어 입 안에서 톡 터질 때의 새콤달콤함이라고도 하지만 내 20대는 혼란, 방황, 어디에 발을 디뎌야 할지 모르는 위태하고 불안한, 마치 뒤늦게 찾아온 사춘기라고 해야겠다. 그때는 ktx도 없을 때여서 영등포역에서 무궁화 호를 타고 나 혼자 용감무쌍하게 부산행 기차에 몸을 실었다. 그래도 여비는 넉넉하게 챙겨가지고 갔던 것 같다. 기차 안에서 뭔가를 먹은 기억은 없지만 긴장도 되고 장시간의 기차여행은 설렘과 모험심을 안겨주었고 바깥에 펼쳐진 풍경을 관찰하는 데 정신이 없었던 것 같다.

부산역에 도착했을 때 바로 그 앞이 태종대일거라는 생각에 그냥 무턱대고 걸었는데 아무것도 안 나와 당황스러워 주변 사람들에게 물어보니 버스를 타야 한다기에 코스를 바꿔서 해운대로 진로를 바꿨다. 부산 지하철도 타보고 싶고 유명한 해운대도 가보고 싶어졌기에 바꿨지만 실제로 해운대로 왔을 때는 생활쓰레기와 오물로 인한 악취 때문에 바닷가에서의 낭만보다는 지저분하고 더럽다는 인상을 받아서 오래 있을 수가 없어 바로 집으로 돌아와야 했었다.

별로 아쉽다거나 특별히 다시 부산에 가야겠다는 생각은 하지 않았다. 왜냐하면 내 생활을 해야만 했었기에, 직장생활을 하면서 돈도 벌고, 남들은 쓰기 위해서 돈을 번다지만 난 쓰는 것보단 모으는 것이 더 재미있었다. 그래서 특별한 여가나 취미도 없이 그렇게 몇 년의 시간을 보냈다.

그런데 작년부터 생각했던 만큼 재미있다거나 인생이 내 맘대로 되지 않는다는 것을 알게 되고 정신적인 공황상태를 겪게 되면서 이렇게 살아가야 하나, 라는 의문 아닌 의문이 꼬리를 물기 시작했다.

40대를 넘으면서 일을 구하기 어려워져 삶의 여유도 없어지면서 뭔가 상황이 달라지기를 바라는 마음으로 올해 4월, 17년 전 소원이었던 태종대로 가고 싶었다.

다음날, 아침 일찍 일어나서 영등포역에서 무궁화 호를 타고, 기차 안에서 지나가는 경치와 풍경에게 인사를 나누는 것이 취미인데, ktx는 여행을 위한 교통편은 아니라는 생각도 잠시 하기도 하고 기차 안 매점 구경(아기자기한 소품과 상품들, 인터넷 시설)도 하고 휴대폰 충전도 해보았다.

부산역에 도착하니 점심때여서 역내에서 간단히 김밥을 먹었다.

그리고 태종대로 가는 버스 편을 물어보니 친절하게 가르쳐줘서 버스를 기다리는데 이상하게 그 기다리는 것조차도 롤러코스터를 처음 탔을 때처럼 두근두근, 쿵쾅쿵쾅 가슴이 뛰었다.

그런데 버스를 타고 태종대까지 오면서 바라본 바깥풍경은 우리네 70년대로 거슬러 올라가는 다닥다닥 붙어 있는 오래된 집, 페인트칠을 한지 얼마 안 되어 보이지만 왠지 모르게 촌스럽게 어울리지 않는 색채여서 지방과 도시의 차이를 느끼게 해주었다. 오히려 태종대는 기대했던 것보다 편하고 세련된 산책길이라서 의외였다.

태종대 주변을 둘러싼 빨간 동백꽃은 다가오는 봄의 전령사라고 할 만큼 아름다웠고 간혹 벚꽃이 수줍은 듯 향기를 발산하고 있었다. 20대 초반의 청춘 남녀들이 서로의 허리를 부여잡고 걷고 있거나, 유모차에 아이를 태우고 양 사이드에서 보호하듯 걸어가는 젊은 부부들, 친구들끼리 와서 장난을 치면서 사진을 찍는 사람들, 그들을 바라보면서 나만의 시간을 즐기고 있다는 것이 너무 좋았다.

나도 누군가와 같이 왔다면 꽃이라든가, 주위 사람들이라든가, 여러 경치를 놓치고 있지 않았을까 싶기도 하고 사랑하는 사람이 생기면 나중에 같이 와야지 하는 바람도 품어보았다.

태종대하면 숨어있는 바다를 찾아내는 재미도 쏠쏠하다. 동백꽃이 있는가 하면 어느새 푸른 바다 물결이 다가와서 숨바꼭질을 하는 것 같다. 무엇보다도 짧은 순간이긴 하지만 길동무, 말동무와 만나서 허심탄회하게 자기의 속마음을 표현할 수 있다는 것이다. 같은 공간, 같은 시간대를 공유한 사람들과의 만남은 여행자체에 몰입할 수 있게 해주기도 한다. 서로에 대한 의무나 책임이 없기에 더욱더 솔직하고 편하게 이야기를 하기도 한다.

이번 여행에서 만난 분들은 모녀였는데 어머님은 감정적이고 순박하신 분이고 딸은 배려와 생각이 깊은 대학교 2학년 학생이라서 이런 저런 이야기를 나누었다.

그분들은 경남 분들인데도 태종대엔 처음이라고 하시면서 나에게 혼자 왔는지 어디서 왔는지 언제 갈 건지 교통편은 어떻게 할 건지 이것저것 물어보셨다. 아마 여자 혼자서 먼 길을 여행하는 것은 흔하지 않은 일이니 물어보는 말이라 생각하고 사실대로 말씀 드렸다.

어머니께서 차를 갖고 오셨는지 부산역에 내려다 주겠다고 말씀하셔서 고맙다고 하고 내려가는 길에 사진을 찍기도 하고 등대에 올라서 망망대해를 보기도 하고 거기에 걸린 최지우 사진을 보기도 했다. 그곳이 아마 드라마를 찍거나 영화장소가 아니었을까 나름 생각해봤다.

그분들과 헤어지면서 감사의 표시로 음료라도 사드릴 걸 하는 아쉬움이 들기도 했지만 이미 지나 버린 일, 후회해도 어쩔 수 없지 하는 맘이 들었다.

표를 미리 끊고 간단한 저녁식사를 하고 기차를 기다리면서 내가 본 바다와는 달리 초록빛이 유난히 강하게 보였던 태종대의 바다가 떠올랐다. 그리고 아버지가 즐겨 부르시던 이미자 할머니의 동백아가씨의 동백꽃을 말로만 들었는데 실제로 보니 바다 속에 숨겨진 진주처럼 귀하고 아름다웠다.

내 기억 속에는 태종대하면 바다보다는 푸르름 속에 선명하고 강렬한 자태를 드러낸 동백꽃이 더 남을 것이다.

터닝포인트

지금까지의 삶을 통해서 뭔가 의미가 있고 아름답고 기억에 남아서 두고두고 꺼내서 보고 싶을 만큼, 아니면 마음이 어지럽거나 흔들릴 때마다 지난날을 되돌아보면서 다시 맘을 되돌릴 수 있게 만들어주는 힘은 뭘까?

오늘은 스승의 날이다. 예전에는 군사부일체君師父一體란 말이 있어 임금과 스승과 아버지를 동일시하여 공경과 존경의 대상으로 여겼고 하물며 스승의 그림자도 밟지 말라고 했는데 지금의 세태는 선생님, 단지 나보다 먼저 세상에 나온 사람, 지식과 기술을 가르쳐주는 기술자로서의 역할을 더 중요시하는 것 같아 아쉽다.

원래 말이 없고 소극적이었던 나에게 먼저 다가와 말을 걸어주시고 삶에 대한 용기와 앞으로 어떻게 살아가야 할지를 실제의 행동을 통해서 가르쳐주신 분이 있다. 요즘 흔히 말하는 멘토와 멘티의 관계라고 해야 할까?

초등학교 때의 선생님과 나의 관계는 형식적이고 내 존재는 있으나마나한 대화도 네, 아니면 아니요 식의 짧은 단답형의 짧은 말만 했을 뿐이다. 선생님의 눈에 띌 만큼 공부를 잘하거나 특별한 예능, 그림을 잘 그리거나 노래를 잘하거나 또는 사람을 끌어당길 만한 능력이 없는 평범한 학생, 더군다나 60~70명이 한 반이었으니 선생님이 일일이 관심을 가지고 교육을 한다는 건 정말 아무리 열정을 가진 선생님이라도 정신적으로나 육체적으로나 힘든 환경이라는 것을 지금은 알지만 그때의 내가 그러한 상황을 알았다고 해도 온전히 이해는 못했을 것이다. 그런데다 장애인은 나 혼자였으니 더욱 더 어려운 일이라는 것을 말이다.

중학교 1학년 초에 집안 사정상 이사를 해야 했고 전학을 간 나에게 모든 상황은 백지 상태였고 말 그대로 새로운 시작을 해야만 했다. 이제까지 알던 사람도, 친구도 없이 모든 것이 낯설기만 했지만 그래도 담임 선생님은 내게 첨부터 장애인이 아니라 학생으로서, 인간으로서 대화를 나누고 나를 인정해 주신 분이었기에 더욱 더 기억에 남는지도 모른다.

한창 감수성이 예민하고 환경의 변화나 신체적인 변화를 겪으며 갈등해야 할 사춘기 때 누군가가 용기와 격려를 해주고 자신감을 불어넣어 준다면 바보온달이 평강공주를 통해 온달장군으로 변화했듯이 나도 선생님으로 인해서 공부에 대한 의욕과 삶에 대한 자신감을 얻었다.

선생님이 나를 인정해주니 친구들도 나를 달리 보기 시작하고 나와 친구하고 싶다는 친구도 생겼으니 미운 오리 새끼에서 백조로의 탈바꿈이라고나 할까?

선생님이 내게 하셨던 말씀 중에 기억에 남는 건,

"영미야 넌 세상의 주인공이 아니야, 그냥 엑스트라일 뿐이야."

나에게 상자 속에 무언가를 집어넣었을 때 흔들리는 소리를 들으면서

"지금 네 눈에 아무것도 보이진 않지만 소리를 통해서 이 상자 안에 뭔가 있다는 것을 알잖아. 그런 것처럼 하나님은 살아서 우리 안에 역사하고 계신단다."

그런 말씀을 하실 때마다 겉으로는 인정하는 것처럼 고개를 끄덕이곤 했지만 내 맘에, 가슴에 와 닿는 이야기는 아니었다. 왜냐하면 어린 내가 이해하기엔 어려운 이야기였으니까.

선생님은 신체적으로 부족한 내게 앞으로 어떤 힘으로 살아가야 좋은지 가르쳐주고 싶으셨는지 모른다. 나를 위해서 그 당시 예수전도단이 찬양으로 인도하고 있는 광화문의 어느 교회 화요집회에 가서 예배를 드리기도 했고 선생님 댁에 우리를 초대해서 맛있는 음식도 해 주셨다.

그리고 어느 날은 선생님이 나에게 코스모스가 한창 피어 있는 곳이 있다면서 같이 가보자고 하시는 게 아닌가. 그래서 나도 모르게 어디냐고 같이 가보고 싶다고 해서 선생님과 나만 40여 분 버스를 타고 정말로 코스모스가 낭창낭창 흐드러지게 피어있는 길이 나왔다. 버스에서 내려서 우리는 아무 말 없이 코스모스에 취해 있었다.

잠시 후에 이렇게 말씀하셨다.

"영미야 코스모스의 꽃말이 뭔 줄 아니? 하나님과의 조화, 세상과의 조화, 사람과의 조화, 너 자신과의 조화를 이루는 사람이 되었으면 좋겠다."

마침 코스모스가 지면서 씨가 생길 때여서 씨를 받아서 나에게 주셨다.

그때는 그런 현실이 미래의 나에게 어떤 영향을 미치리라는 생각은 전혀 하지도 못했고 막연하게 언젠가는 잊혀질 기억으로 치부했었는데 지금에 와서는 단순한 기억이 아니라 잊을 수 없는 아름다운 추억으로 뇌의 한 부분을 차지하고 있음에 감사한다.

앞으로의 수많은 만남과 헤어짐을 겪게 되겠지만 선생님이 내게 해줬던 것처럼 그 사람에게 생의 전환점을 만들어 줄 수가 있을까? 자신감도 없고 목표의식도 없이 그냥 목숨이 붙어 있으니까 사는 어린 시절의 나를 만나게 됐을 때 나도 그에게 다가가서 삶에 대해서 이야기도 해주고 용기도 불어넣어서 또 다른 터닝포인트가 되어 주기를 원하시진 않을까?

사랑

나는 20대부터 지금까지 사랑에 대한 생각만 많이 했었다. 20대는 집안 형편이 어려워져서 막연한 동경만 했었고 30대는 직장생활을 시작하면서 삶에 대한 재미와 동성친구와의 교류만 했었지만 동성친구의 연애를 보면서 서로의 호감이 사랑으로 발전하고 사랑에서 결국은 결혼으로 이어지거나 이별을 하는 과정 속에서의 어려움을 알게 되었다.

그때는 상대를 알아가는 과정 속에서 남녀의 묘한 심리전에 대해선 잘 몰랐다. 그냥 표면적으로 보이는 예쁜 모습을 좋아했었고 친구들도 나쁜 모습을 보여주지는 않았으니까, 그래서 더 부러워했는지도 모른다. 그리고 지금 40대 중반에 이르니 누군가를 안다는 것조차도 어려우며 하물며 사랑으로 이어지는 과정이 꽃길이 아니라 꽃길과 고생길을 오르락내리락 한다는 것을 알게 되었으니 말이다.

그렇지만 내게도 30대 초반에 사랑 비슷한 감정이 찾아왔다. 30대 초반에 직장생활을 하면서 몇 달은 급여를 받으면 그냥 통장에 넣어

두고 필요할 때 찾아서 쓰는 생활을 하던 중 몇 개월 일을 할지 몰라도 적금이라도 들어야겠다는 결심을 하고 은행을 찾아갔다. 예나 지금이나 청원경찰 아저씨는 친절하지만 장애인들이나 노약자들에게는 더욱더 붙임성 있게 대하는 모습이 보기 좋아서 직업정신이 투철하다고 느꼈다. 그런 그의 친절함이 갈 때마다 도와주려는 태도와 말투 속에서 느껴졌다.

처음에는 이름을 물어보는 것으로 시작됐던 그 아저씨와 나는 가끔 만나서 술 한 잔 하는 사이로 바뀌었다. 더군다나 같은 아파트 단지에 살고 있어서 거리적으로 만나기 쉬운 것도 이유 중 하나였다. 만나면서 친구가 되었지만 난 내 마음을 단단히 여미며 친구 그 이상도 그 이하도 아니다, 라고 다짐을 하면서 사귀었던 것 같다.

그 친구는 가정적으로 행복하진 않아 보였다. 부모님과 여동생과 그, 네 명으로 시작됐던 가정이었지만 부모님이 별거를 하시면서 가정은 깨졌다고 했다. 정식으로 이혼을 하셨는지 안 물어봤지만 술 한 잔 마시면서 넋두리로 엄마가 살고 있는 집을 찾았는데 집 앞에서 어떤 꼬마가 자기 엄마를 보고 엄마라고 부르더라는 말을 하는데 그 모습이 너무 쓸쓸하고 외로워보였다. 그래서 더욱 좋은 친구가 되고 싶었다.

그렇게 술친구가 되었지만 난 행복하지는 않았다. 왜냐하면 그 친구가 좋아하는 술을 잘 마시지도 못했고 어느 순간부터 그 친구가 부르는 시간이 일정하지 않아 어떤 때는 새벽 4시에도 불러내곤 했으니 말이다. 다행인건 그래도 나에게 그냥 넌 좋은 친구라며 말하곤 했다.

한번은 이런 일도 있었다. 그날도 술을 마셨는데 집에 들어가고 싶지 않았는지 나와 여관에 가자는 거다. 난 술을 마시고 취한 상태로 여관에 들어가고 싶지 않아 싫다고 했다. 그 친구가 다시 말하기를 왜 너 건드릴까봐 겁나냐고 말했으나 난 그 말에 대꾸는 안했던 것으로 기억된다. 지금 생각해보면 여관에 같이 갔어도 아무 일도 없었을 것으로 여겨진다. 아마 그 친구에게 그 때 필요했던 건 남녀 간의 섹스가 아니라 위로와 따뜻한 포옹이었을지도 모르겠다.

기억하고 싶은 마지막 만남은 그 날도 술과 친구가 되어서 나와 같이 나가면서 친구야, 우리 포옹 한번 하자는 말에 난 포옥 안기며 그의 등을 두드려 주었다. 그냥 가만히 있으면 왠지 남녀 간의 포옹으로 인식될까봐 등을 두드려 주는 것으로 친구라는 것을 표현하고 싶었는지 모르겠다.

서른 살부터 서른여섯 살까지 그리움과 설렘을 가르쳐 준 그 친구의 우정에 감사한다.

좌충우돌 생활기

내가 부모님 집을 나와 나만의 공간으로 들어온 지 보름이 지났다.
이곳에서 생활하면서 약간의 에피소드가 있었다.

어느 날 욕실에서 양말을 빨고 있었는데 우당탕탕 하는 소리가 들려오는 것이 아닌가?
에이 옆집에서 나는 소리이겠거니 하고 빨래를 들고 베란다로 가려는 순간 소리의 근원지가 옆집이 아니라 바로 내 방에서 난 소리란 것을 알고 놀랐지만 최대한 상황 판단을 하려고 방안을 둘러보았다.
침대 옆에 서랍장이 있고 서랍장 위에 거울을 걸지 않고 세워두었는데 그게 미끄러졌나보다 생각하고 주위를 둘러보니 시계도 떨어져 있지 않은가!
 순간 상황파악이 되면서 모든 것이 이해가 되었다. 서랍장 옆에 위에 시계를 걸었는데 못을 박지 않고 그냥 붙이는 데코용 고리를 붙여놨는데 시계의 무게를 견디지 못하고 떨어지면서 그 충격으로 거울도 미끄러져서 바닥으로 떨어져버린 것이다.

그런데 이상한 것은 시계나 거울 둘 다 깨지지 않았고 거울도 미끄러지면서 화장품도 몇 가지 떨어졌는데 아무것도 깨지지 않았다는 것이다.

치우고 정리하면서 감사합니다를 연발했다. 거울은 필요해서 그냥 서랍장에 걸어놓고 시계만 바닥에 놓았다. 그 후에 불안해서 중고형 거울을 사서 세워 놓았다.

두 번째 이야기는

어느 날 된장찌개를 하려고 가스를 켰는데 이상한 냄새가 나는 것이 아닌가! 이 집은 이사 오기 전에 석 달 동안 비워놓았다는 이야기를 들은 기억이 나서 처음이니까 냄새가 나나보다 대수롭지 않게 여겼다. 그리고 이삼십 분이 지나자 벨이 울렸다. 누구시냐고 했더니 가스 회사에서 왔다는 것이다.

문을 열고 상황을 물었더니 옆집에서 가스냄새가 난다는 신고가 들어와서 왔다는 것이다. 직원이 집 주변이며 밸브를 보더니 가스가 샌다고 이야기를 하고 조치를 취하고 돌아갔다. 내가 둔해서 그런 건지 옆집 아주머니가 아니었으면 나는 지금까지 이 세상 사람이 아닐 수도 있겠구나 싶은 생각이 드니 끔찍했다.

옆집 아주머니도 최근에 한번 뵈어서 지나가는 말로 감사를 전할 수가 있었다.

김순화

강원도 홍천 출생, 서울신동신정보처리고등학교 졸업, 글시네 회원

쉼 (외 4편)

김 순 화

꽃봉오리에서 야릇한 향기가
삶의 살 속으로 파고들어
걸어온 항해를 망각의 바다에 놓고
현재는 앞만 보지 않고
마음의 창을 열어 아름다운
천상에 놓인 궁을 살포시 보며
황홀함에 취해
인생의 정거장에서
여유로움을 배워 가네요

배신

신세계 속으로 서로 끌어당겨
아름다운 젊은 날을
각자 그려놓은 큐브의
틀에 끼워 맞추려다

쓱~~ 쓱 마음을 휘저으며
붓질하듯 그려 넣은 아픔들로
각자의 내면 속엔 깊숙이
균열이 일어나

그 사람의
눈과 귀와 생각의 와이파이를
감지 못하여
침묵에 길들여져 서로 멀어져 갔다

사랑은

사랑은
묻지도 따지지도 않고
한여름 빙수같이 내 몸을 점령해버린다

사랑을 할 땐
필요한 영양소가 다
들어 있었는데

열매를 맺으면
사랑하는 마음의 열매 안에
모든 영양소가
나의 몸에서 전소해 버린다.

여우비

푹푹 찌는 듯한 마음에
갑작스럽게 쫙~쫙
다 쓸어버릴 것 같은
여우비 너가
우울한 마음을 다시 햇빛
쏟아지는 마음의 날씨로
일어서게 하는구나

하늘의 날씨처럼
우린 후회할 삶과 이속에서
깨달아가며
또 오늘을 살아내는구나
여우비 내린 후 무지개의
희망을 품고 살아갑니다

고슴도치

아이가 초등학교 3학년 올라가기 전에 남편이 다툼 끝에 집을 나가 우리 부부는 별거를 시작하게 되었다. 그래서 아이에게 아픈 가시를 꽂아 주게 되어 난 녀석의 맘을 달래주기 위해 동대문시장에 가서 미니토끼를 사와 기르게 했다. 동물을 기르면서 아들이 조금이라도 위안을 받길 원했기 때문이다.

그런데 어느 날 친정을 가게 되었는데 아들이 토끼를 데리고 가자고 해서 예전에 남생이를 기를 때 들고 다니던 사각형 어항에 토끼를 넣어 데리고 갔었다. 하지만 친정 조카들도 초등학생들이라 이쁘고 귀엽고 신기하니까 이틀 동안 아이들에게 시달림을 받은 토끼는 이삼 일 지난 후 학교에 다녀온 아들에게 죽은 채로 발견되었다.

"엄~마! 토끼가 죽었어."

아들의 눈엔 폭포처럼 눈물이 흘렀다.

엄마가 외할머니 집에 갈 때 토끼나 강아지는 어릴 때 사람 손을 타면 면역력이 약해서 죽을 수도 있으니 많이 만지면 안 된다고 말해 주었잖니. 네가 사람들 많은데서 관리를 못해 토끼가 몸살이 단

단히 나서 죽은 것 같다고 아파트 화단에 묻어 주었다

그리고 한 달이 지나고 같은 교회 집사님이 아들이 동물 기르는 것을 좋아한다는 소문을 들으시고 고슴도치 두 마리를 선물로 안겨 주시었다

가시가 있어서 기르기 어려울 거라고 지레 겁부터 먹었었는데 한 달에 한번 아들이 샤워를 시키는데 작고 까만 콧구멍과 콩자반 같은 눈이 내 눈에 쏙 들어와 이때부터 가시 돋친 도치가 사랑스럽게 보이기 시작했다.

아들이 도치를 씻길 때 칫솔로 가시 등을 싹싹 내려 씻기면 개운해 하는 표정을 지었고 부드러운 배 부분을 드라이로 말려주면 털이 뽀송뽀송 마르는 걸 느끼며 좋아했다.

또 자기를 좋아하는 걸 아는지 손으로 가시 몸을 만지면 온몸에 난 가시를 세우지 않고 눕혀 버리며 더 사랑을 해 달라고 했다. 이렇게 한 계절이 지나 여름이 오니 도치에게선 냄새가 많이 났다. 그래서 아들에게 얘는 물을 싫어하는 애라서 자주 목욕을 시키면 안 된다는 경고의 말을 해주었는데 어느 날 외출했다 들어와 보니 아들이 세면대에 물을 받아놓고 도치에게 반신욕을 시키며 사랑을 나누다 울면서 화장실 밖으로 나오는 것이었다.

"도치가 안 움직여."

말이 떨어지기 무섭게 달려가 보니 이미 때는 늦었다.

아들은 펑펑 울면서 도치를 또 보내주었다

이렇게 해서 아들의 외로움을 달래주던 친구들이 다른 별나라로 가버렸다. 한 동안 침울해 오던 아들을 보며 나는 사랑도 과하면 안 하는 것만 못하다고 독백처럼 들려주었다. 하지만 어린 날의 그 상처에 생살이 돋았는지는 모르겠다. 아들아, 너는 나의 고슴도치다.

박미용

1998년 도봉구 주부백일장 장원, 같은 해 서울시 주최 주부백일장 고건 시장상 수상. 현재 노원구 글시네 회원. 사)장애인미술협회 회원으로 두 차례의 시상 경력과 여러 번의 그룹전시회에 참여하며 왕성한 활동을 하고 있다.

배신 (외 4편)

박 미 용

햇살 속 눈부시던 수선화
흙으로 돌아갔다

그렇지만 해마다
자기의 시간에 다시 피어난다

꽃도 제 갔던 길
되짚어 돌아올 줄 아는데

어머니는 왜 모르시는가

사랑하는 사람의 죽음은
배신이다

비와 우산

혼자 집에 가는 길
비가 내렸어

환청이었을까

자동차가 지나가며
들려준 파도소리

비 온다 집에 가자

우산도 없이
비 내리는 길을 걸었어

감기 걸린다
비 맞고 다니지 마라

빗방울의
다정한

잔소리를 온몸에 달고
집에 가는 길

벚꽃 사연

파란 하늘 끝
봄의 창문 밀고
볼 따뜻한 바람 불어오면

시린 땅 녹아
폭죽 터지듯 벚꽃이 웃는다
그 향기론 그늘 아래에서

누나
예쁜 저 꽃을
내년에 다시 볼 수 있을까

그해 여름의 끝을 따라
장기여행인 양
떠나간 내 동생
벚꽃이 세 번 찾아오는 동안
너는 꿈길에도 오지 않는구나

삼백여 남짓한 날들 동안
너만 생각하며 사는 것은 아닌데
문득 해일같이 네가 보고 싶을 때면

꽃으로도
추억으로도
너를 대신할 수 없는데
보고 싶은 나를 어쩌란 말이냐
볼 수 없는 너를 어쩌란 말이냐

외갓집 가는 길

오래 전
외할아버지께 가던 길

환히 웃으며 맞아주는
도라지 꽃길 끝에
외할아버지 키보다 낮은
담장 품에 안긴 작은 집

검은 정장 차려입은 가마솥이
훈김으로 밥 짓던 냄새 넘실대던 마당에서
더덕 닮은 손으로
내 새끼 오냐 맞아주시던
하얀 머리 외할아버지

마흔일곱의 어머니는
외갓집 가는 길을 잃어버렸다

지도에서 지워진 것은 아닌데
나도 그 길을 찾지 못했다

별빛 도라지꽃만 소리도 없이
다녀갔을 그 길

외갓집 가는 그 길

가을하늘

바람 지나간 자리마다
부지런한 구름이
하늘을 밭 갈아
피워낸 그리움

하얀 이랑마다
알알이 영그는
너의 목소리

오랜 세월 같이 살다가
어느 한 날
바람처럼 떠나간 후
아무 소식도 안부도 없더니
청명한 가을 하늘
눈이 부시게 건네온 너의 인사

눈물도 빗물도 아닌데
젖어드는 가슴

깊은 한숨처럼
보고 싶은
너의 이름 불러본다

박봉수

전북 장수 출생, 마산 삼진종합고등학교 졸업, 2013년~2017년 현재 구로구 구로조은장애인자립센터에서 활동 중, 2017년 글시네 회원으로 활동 중.

당신의 향기 (외 4편)

박 봉 수

당신에게서 향기가 난다.
당신의 얼굴에 향기가 난다.

그 향기는
향수를 뿌려서 난 향기가 아니다.

그 향기는
코로 맡을 수 있는 향기가 아니다.
눈으로 볼 수 있는 향기다.

누구나 낼 수 있는 향기
누구나 볼 수 없는 향기

당신의 향기는
나만 볼 수 있는 향기다.
꽃향기보다 더 좋다.

그 향기는 밝고 맑은 당신의 미소

소나기

저 강물은 하늘이 울어 내리는 소나기일까?
천둥소리 요란한데 구름 한 점 없는 이곳
그래도 소나기는 내린다.

떠나가는 님을 잡을 길 없어
내 가슴은 촛농처럼 녹아내리고
촛농은 소나기가 되어 내린다.

머리에 총 맞은 것처럼 제 정신이 아닌 나

두 눈을 떠 봐도 감아도
아무것도 보이지 않는 어둠의 세상.
이렇게 눈부시게 내려 쬐는 태양 아래도
온통 캄캄한 세상

어제도 하늘은 맑고
구름 한 점 없어도 소나기는 내렸다
오늘도 밤새워 내리는 소나기

님 떠난 카페에서는 서글픔에 소나기는 내리고
당신을 그리며 소나기는 내리고
이별의 아픔을 달래 보려고 소나기는 또 내린다.

이 소나기를 멈추게 할 수 있는 사람은 당신뿐인데
떠나간 님은 언제나 오려나

이젠 누군가와 사랑에 빠져
당신이 날 사랑해 줘서
기쁨의 소나기를 만나고 싶다.

님을 그리며

우연히 당신을 처음 본 순간
찌찌찌 하고 감전이라도 된 것처럼
얼굴은 동태처럼 굳어져 버리고
손과 발은 마취가 되어 꽁꽁 묶인 채
아무것도 못하게 되었다.

바이러스에 간염 된 좀비처럼
당신밖에 볼 수 없는 바보가 되었다.

내 모든 것을 빼앗아 간 당신
내 모든 것을 가지고 간 당신
그러나 난 당신을 미워할 수 없어요

당신은 내 삶의 원천이요
내가 살아가고 있는 이유이니까요
언젠가 내게 올 거란 믿음 때문이니까요

어느 비오는 날, 우산이라도 있으면 님 부를 텐데
비는 오는데 우산 하나 없어

내 마음 전할 길 없어 어쩔 줄 모르고 있는 나
우산만 건네주었더라면
두개의 심장이 하나의 심장이 될 수도 있을 텐데
콩닥거리는 내 심장도 건너갈 수 있을 텐데
내 눈에 파도가 흘러내린다.
비가 와도 타는 내 가슴은 더 다들어 가기만 하는데
내리는 빗방울만큼이나 그리워하며 당신을 바라보고 있는데

뒤돌아보지도 않고 떠나버린 야속한 당신
그리움에 사무쳐 아프다고
너무나 소중해서 당신을 그리며 빈 손짓을 해보지만
잡을 수 없는 당신

당신은 내 두려움을 모른다.
당신께 버려질까 두려워하는 내 마음을
행여나 당신이 내 앞에서 바람처럼 사라질까봐
두려움과 무서움에 떨고 있는 나

이별

당신이 원하는 건 당신이 날 놓는 거라 합니다.
당신을 놓는 것은 당신을 죽이는 일입니다.
그래서 할 수 없습니다.

시푸른 칼을 주면서
그래도 당신을 죽이라 부탁과 함께 명령합니다.
당신은 나에게 할 수 없는 일을 강요합니다.

어떻게 하면 좋을까요?

차라리 당신이 나를 죽여주세요.
그것은 당신이 원하는 것이 아니라 합니다.

당신도 못하는 일을 나보고 하라 강요합니다.
당신이 진정 원하는 것을 알기에
당신을 놓을 수밖에 없습니다.

내 곁에 없는 당신은 살아 있어도
죽는 것이나 마찬가지이니까요
내 마음속의 당신을 나는 보내지 아니하였습니다.

당신이 나에게 오신다면

당신이 나에게로 오신다면
난 당신의 나무가 될래요

봄이면 나의 몸에서 꽃을 피워
꽃길만 걷게 해 드리고 싶어요.

여름이면 강한 햇빛도 근접할 수 없는
그늘이 되어 편히 쉬게 하고 싶어요.

가을이면 풍성한 과일이 되어
당신의 배를 채워 드리고 싶어요.

겨울이면 나의 몸을 불태워
따뜻한 온기가 되어 드리고 싶어요.

힘들었던 당신의 상처도
당신의 살이 되어 드리고 싶어요.

그 힘든 여정 속에서
행복한 나날들을 보내게 하고 싶어요.

사랑하는 나의 님이
당신이 나에게로 오신다면

성수연

노원중증증장애인독립생활센터에 근무 중 목 디스크가 발병 퇴사,

글시네 회원으로 활동 중.

봄의 아가 씨앗 (외 4편)

성 수 연

사르르 사르르
봄볕이
따스히 내려와
어린 씨앗 싹이 돋아나고
푸르스름한 아가 씨앗의 맘
설레게 하네

톡 토르르 톡 토르르
봄비가
온 누리를 적시어
어여쁜 아가 씨앗 젖줄이 되어
어여 어여 커서 꽃 피우라고 하네

사 알랑 사 알랑
봄바람이
사분사분 불면
여리여리한 아가 씨앗
간지러워하며 방긋 웃네

벼병원 가기

아 아앙 아 아앙
안 갈래
저 벼영원

하이얀 옷 입은 아찌
싫어잉
쭈사 맞으면 아아파 아파

땟지 땟징
못된 병아
어여 가 어여 가
저 멀리로

우리 우리 아가야
주사 맞고 건강하장
아프지 말아라

아기의 소풍

귀뚜르르 귀뚤이가 우는 밤
우리 아가 고운 꿈 속
엄마아빠 손 잡고 가을소풍 가는 꿈꾸네
엄마 내음 맡으며
아빠가 사주신 예쁜 곰돌이인형을 안고 자네

새애근 새근

편안하게 자는 얼굴이 더 이쁜 우리 아가
건강하게 자라거라
씩씩하게

솔로의 합창

따분하고
심심해서
친구한테 전화를 했더니
혼자 있어 봤으면
좋겠다고 하네.
나는 너무 싫다고
징징거리고 있다.

언제나 부러운 너는
둘이잖아.
잔인하고 외로운 주말 밤이여
썩 물렀거라
나는 싫다

혼자서도
잘하는 것은
질투
한숨뿐이구나!

싫다
혼자 밥 먹는 것

혼자 즐기는 것도
날씨가 좋아도
연인들이 속삭임도

아휴
나는 누군가 함께 있으면
좋으련만

다들 있는 것들이
혼자인 나를 부러워하네
아니야
난 니들이 부럽거든

가을! 어느 해변에서

저녁노을
오색 물결치는 바닷가에서
나의 가을 단풍으로 물들어
꿈꾸듯 잠자듯
이별의 노래를 들으며
가게 하소서.

나 하늘로 가면
시신은 기증을 하고
비록 짧은 이승의 시간
고맙다고
사랑했었다고

양수경

전남 진도 출생, 협성상업고등학교 졸업, 글시네 회원, 2011년 5월~2013년 4월 『삶과 노동』에 수필 올림, 2015년 9월 KT'it 공모전 은상 수상.

소풍 (외 5편)

양 수 경

살아가면서 생각해보면
우리의 인생이 잠깐의 소풍이 아닌가 싶다.
시간을 어떻게 쓰느냐에 따라 인생의 색깔이 확연히 달라져
어떤 이는 쉽게 보물을 찾고
어떤 이는 힘겹게 찾고
어떤 이는 쉽게 포기하고,
또 다른 이는 힘겹게 찾아도 안 돼 결국 포기하고 마는…,
난 나의 아이가 세상의 잣대에 짓눌린
삶을 살지 않았으면 좋겠다.
자유로운 영혼이 되어, 농사꾼이 되더라도
세상 어디에서든
느긋하게 삶을 바라보고 즐길 줄 아는 그런 사람
풀 한 포기를 사랑하고
나비의 날갯짓을 따듯하게 바라볼 줄 아는 그런 사람.
인생이 짧듯 소풍도 눈 깜짝 할 사이에 지나간다.
그 시간의 내용물을 만드는 건 나 자신이다.
우린 스스로에게 소풍의 위대한 즐거움을 느끼게 해야 할 주인이다

5월, 그 찬란한 햇살

오월의 태양은 사월의 어제와 다르게 태어난다.
어제와 다른 햇살과 바람으로 세상의 모든 것을 아기자기 키워낸다.
아장아장 풀잎을 키워내고
꽃을 피워내고
연둣빛으로 태어나 연초록으로 물들어가는 나무들의 파티
오월의 햇살과 바람은 어린 새싹을 보살피듯
우리 곁을 살며시 지켜주는 수호신

지금 시작하십시오

당신이 지금 무언가를 생각하고 있다면 지금 시작하십시오. 시간은 우리를 기다려주지 않습니다. 언제, 어느 때 더 큰 불행이 복병처럼 다가와 우릴 곤경에 빠뜨릴지 모르는 일.

할 일이 있거든 지금 시작하십시오. 세월이 약이겠지요, 는 우리에겐 해당되지 않습니다. 왜냐하면 우리는 한 순간에 장애를 벗어날 수 없기 때문입니다.

지금이 내가 무언가를 할 수 있는 때라는 걸 항상 염두에 두고 살아가다보면 인생의 끝에서 우린 훨씬 후회를 덜하게 될 것입니다.

여행이 떠나고 싶다면 함께 떠날 수 있는 누군가에게 연락해서 계획을 세워 지금 떠나십시오. 만나고 싶은 사람이 있다면 지금 연락하십시오.

시간은 금이라고 했지만 시간은 금보다 소중한 것입니다. 금은 돈을 가진 사람이면 누구나 살 수 있는 것이지만 시간은 돈이나 그 무엇으로도 살 수 없는 것이기 때문입니다. 우리가 건강을 살 수 없듯이 말입니다.

움직일 수 있을 때 힘껏 나아가고 사랑할 수 있을 때 목숨 바쳐 사랑하고 노래 부를 수 있을 때 힘껏 노래하십시오. 그 때가 바로지금입니다.

아침에 일어나 무심코 시작하지 말고 오늘은 무엇을 할지, 무엇을 해야 할지를 항상 생각하고 생활한다면 우리에겐 후회 없는 날이 될 것입니다.

먼 훗날 웃음 지을 수 있는 인생의 끝을 만나기 위해 우리 힘내서 지금 시작하십시다.

마더

신은 모든 곳에서 우리를 지킬 수 없어 우리에게 엄마를 주셨다고 한다.

나에게는 80세인 엄마가 계시다. 남편 잃고 고향에서 홀로 사시던 엄만 어느 밤 딸의 교통사고 소식을 듣고 서울로 올라오시게 된다. 1남 5녀 중 넷째 딸인 내가 남편의 의처증에 시달리며 4년을 견디다 어렵게 이혼해 아들과 둘이서 그야말로 열심히 살다가 늦은 밤 퇴근길에 뺑소니 교통사고를 당하게 된 것이다.

4개월을 산소 호흡기에 목숨을 의지한 딸과 함께 지내는데 산소호흡기의 선이 일자로 나타날라치면 당신의 숨이 먼저 멈추는 것 같았다고 훗날 말씀하셨다. 내가 죽음과 싸우고 있을 때, 난 아무 것도 모른 채였지만 엄만 모든 상황을 보고 있으려니……

꽃다운 열아홉 살에 양씨 집에 시집와 결혼식 날 처음 본 남편의 잘생긴 얼굴에 기분이 좋으셨다고 한다. 하지만 훗날 치러내야 했던 시집살이를 생각하면 좋아할 일도 아니었으리라. 그야말로 서슬이 퍼런 시집살이였다고 한다. 신랑과 잠을 잘라치면 안방에서 시어머니가 불러서 가보면 밤을 새워 명주실을 엮으라 했고 반찬 맛있게 하면 곡식 많이 든다고 맛없게 하라고 하셨단다. 엄마 말씀으론 일을 못했으면 진즉 쫓겨 날 걸 그나마 일을 잘 해서 아까워서 쫓아내질 못했다고 하셨다.

시집살이 된통 치른 후 시어머니가 노망이 들어 벽에 똥칠하는 세월을 3년 치루는 데, 참 이상하게도 그렇게 구박했던 시어머니가 밉질 않아 죄받을 것 같아 같이 잠을 잤더란다.

시어머니 돌아가시고 살만하니 이번엔 남편이 위암으로 환자신세. 모질게 작별인사를 할 참인지 이번엔 남편이 의처증이 도발해 그 아픈 와중에도 어디서 난 힘인지 날마다 구타와 구박을 일삼다가 서방을 떠나보내고 살 만 하니 이번엔 난데없이 딸 차례란다.

다행히 딸이 조금씩 사람노릇 하겠다 싶어 안심하다가도 이번엔 본인이 먼저 가면 남아있을 딸을 어떻게 해야 할지 본인 죽음보다 남아있을 딸의 삶이 더 걱정이란다.

우리는 곁에 있는 삶의 모든 것을 너무 당연하게 여기지만, 잃고 나서야 소중함을 아는 미련한 중생이 아닌가?

주위를 둘러보자. 당연한 것이 한 가지도 없음을. 그래서 더 소중함을 깨우치게 될 것이다.

신은 참 위대하다. 우리에게 이렇게 위대한 엄말 주시다니!

고슴도치 모자

드디어 여름방학 중인 아들과 만나기로 한 날이다. 아들은 중학교 1학년으로 전라도 화순에서 할아버지, 할머니와 살고 있다. 방학에 보충학습이라고 학교에서 10일을 보내고, 보이 스카우트 활동에 5박 6일 캠프를 갔다 와서 오기로 했는데 너무 피곤해 하루 쉬었다 오기로 했다.

요즘 학생들 방학에도 너무 바쁘다. 예전에 우리 땐 이렇지 않았는데, 그 때 태어난 게 참 다행이다.

아들이 오기로 한 날. 웬 태풍이 온대서 밤새 노심초사 하고는 아침이 돼도 소식이 없기에 전화를 했더니 고속버스터미널이란다.

와~ 다행.

'하늘은 우릴 버리지 않았어.'

터미널로 마중 나가 기다리고 있는데 부쩍 큰 녀석 하나가 약간은 쑥스러운 표정으로 다가와 인사를 한다. 이쁜 내 새끼다. 안고 싶은 맘 굴뚝같지만 나도 어색해 간단한 악수.

2년 전엔 할머니가 광주로 데리러 가야 했는데 이젠 혼자서 올 수 있다니 녀석, 키만 큰 줄 알았는데 속도 제법 성숙했다. 장애인 차를 기다리며 뭐 먹고 싶은 건 없는지 물어도 고개만 젓는다.

내가 좋아하는 베스킨라빈스 아이스크림콘을 사와 할머니랑 하나씩 나눠 주고는 둘이 소파에 앉아 맛있게 먹는 모습 바라보고 있자니 더 이상 바랄 것 없이 행복해졌다. 그 와중에 엄만 나보고 자꾸 먹으라고 해서 한 입 베어 무는데 이게 내리 사랑이란거구나. 울컥.

장애인차가 도착해 차를 타려는데 그곳엔 장애인차를 세우고 전동차를 탈만 한 자리가 마땅찮았다. 차도에 세운 장애인차를 타려고 거꾸로 헤쳐 나가 차에 탑승하려는데 차 사이로 걸어오는 아들 녀석 걱정에 뒤를 보며 재차 확인을 하자 엄마가 보다 못해 니 새끼 잘 따라오니 걱정 말고 가라고 말씀하셨다. 쪼매 민망

그동안 아껴 뒀던 돈을 쓸 이유인 듯 엄마 눈치 보며 MP4 사 주고 용돈으로 10만원짜리 수표도 건네고 그래도 뭐 해 줄 것 없나 살핀다. 줘도 줘도 아깝지 않고 더 주고 싶은 게 엄마의 마음이라더니…

아들 녀석에게 뭐가 되고픈지 물었더니 미래의 꿈이 체육 선생이란다. 체육선생 멋있다고 여학생들 다 쫓아다니게 생겼네 했더니 쑥스러운 미소만 짓는다.

고슴도치도 제 새끼가 제일이라더니 나 고슴도치?

외삼촌

나에겐 어둠 속에 살고 계신 일흔여덟 살의 남자 한분이 계시다. 그분은 엄마의 남동생 외삼촌이다.

어릴 적 아버지가 돌아가시고 홀어머니와 3명의 누나, 막내여동생과 남겨져 그 어려운 상황에 군대를 가시게 된다. 다녀와서 집안을 일으키겠다는 말씀을 남기고 떠나셨는데 군대에서 차 밑에 누워 차를 고치다 두 눈을 실명하고 말았다.

지금 조카인 내가 하는 이 가벼운 글로는 설명할 수 없는 고통이었으리라. 그렇지만 워낙 손재주가 좋아 까막눈으로도 집안의 고장 난 전자제품을 다 고치고, 어차피 안 보이는 TV가 의미가 없어 하루 종일 라디오를 들으며 시간을 보내고 계신다. 그러다가 라디오 노래자랑이라도 나오면 신청해서 상품권, 전자제품, 여행권 등등을 타내시는 등 삶을 쉬지 않는 분이시다.

그 어둠 속에서도 한 여자를 만나 결혼을 해 아들 둘을 낳고 살다가 곰보딱지 그 여자가 바람이 나서 집이며 통장까지 다 털어 나가 어렵게 살았다. 다행히 아들들이 장성해 아빠의 국가유공자 혜택으로 취직을 해서 생활비를 대줘 그나마 새외숙모와 살고계시다. 나중에 곰보딱지 외숙모가 돌아와 잘못했다고 뻔뻔하게 같이 살면 안 되냐고 했지만 우리 삼촌을 뭘로 보고, 당연히 내 쫓았다.

성격도 얼마나 좋으신지 사고가 난 후 휠체어 신세인 나를 안타까이 여겨 조카인 나에게 "임자, 임자" 하시며 농을 치신다. 나는 그 틈을 놓칠세라 "자기야, 왜 이렇게 오랜만에 전화했어. 나 잊고 새색시 만든 줄 알았잖아." 그렇게 장난치며 통화하고 있으면 엄만 옆에서 벌써 알아차리고 빙그레 웃고 계신다.

남동생과 딸이 얼마나 힘든 삶을 사는지 알기에 둘이 짓궂은 장난을 지켜봐주시는 거다.

윤정열

1988년 장애인올림픽 축구 선수, 2009-2010 뇌성축구국가대표 코치, 2020월드컵 수기 공모전 최우수상, 2015년 장애인 인권 부문 보건복지부장관상 수상, 2016년 올해의 장애인상, 2017년 한국방송통신대 '통문제' 공모전 소설 부문 우수상 수상.

붓꽃 (외 4편)

윤 정 열

어느 봄, 들꽃들의 이야기가 들려오던 날
너는 내 마음에 살며시 들어와 심장처럼 자리했다
이 봄이 가기 전에
마음속 고이 숨겨놓은 너에게 편지를 쓰고 싶은데
늘씬한 초록붓대를 부여잡고 이슬을 찍어
밤하늘처럼 고즈넉한 너를 그리고 싶은데
너는 깊은 산골 절간의 풍경인 양,
알 수 없는 미소를 머금은 채 바람만 탄다.
행여 붓 끝에 적신 이슬이 턱없이 모자란 건지
끝내 한 줄도 채우지 못하고
그새 알 수 없는 너의 미소는
세상의 온갖 시샘들을 불러 모으는 중인가보구나
세상에서의 좋은 소식이란
아이 손에 쥐여진 한 줌 모래 같은 숙명이란 걸 알고 있지만
그래도 새벽이슬을 먹고사는 너는 지조 높은 아이리스

느티나무

노인장,
요즘 꽤 바쁘십니다 그려
입춘 경칩도 지나 겨우내 어디론가 여행을 떠났던 벌나비도 돌아오고
아낙들의 막힘없이 나오는 웃음소리와
뭇 사내들의 생각 없는 낮술 냄새도 좋으신가 봅니다

날이 갈수록 더욱 바쁘기 만한 세상살이에 지쳐
잠깐 좀 쉬고자 하는 마음으로 비틀비틀 왔소이만,
되레 그 여홍에 혹여 방해라도 되지 않을까 하야
내 비켜서지 않으면 아니 되겠소이다
그래도 한편으로 여기까지 온 심사가 아쉬워
졸시 한 수 읊고 갈랍니다

노인장,
봄이외다
탄천炭川 숯내 언저리에서 불어오는 바람살이 얇디얇은 봄이외다
부는 바람에 흐드러지게 핀 벚꽃 잎들이 떨어지고,
삼천갑자 동방삭이 빨아 널었다는 고쟁이들의 나풀거리는 춤사위가

만고의 흐르는 물이 되어 억겁의 스치는 바람으로
시방 나의 짧은 시 속에서 슬픈 곡조로 춤을 춥니다
그리 대단할 것도 없고 또 내키지 않는 시 한 수처럼
봄은 으레 그렇게 산통産痛의 절규로 메아리가 되고
또 봄은 돌고 자연의 순환 속에서,
때 되면 등 떠밀려 떠나는 나그네의
보잘것없는 영혼이 자유를 찾아 떠나는 계절입니다

노인장,
나 이제 이만 물러가오니
천년만년 사람들의 웃음소리를 들으며 만수무강 하소서
거기 그 자리에서
太古의 신비를 간직하소서

우리 엄마

가을이면 어릴 적 엄마가 더욱 생각이 납니다. 엄마는 당신의 죄가 많아서 나를 이렇게 낳으셨다는 거예요. 실제로 나는 늘 그런 엄마의 애달픈 눈을 보며 자랐어요. 엄마는 온몸을 못 가누는 병신자식을 둘러업고 학교를 다니셨답니다. 엄마는 비가 오나 눈이 오나 한결같이 나를 업고 멀고 먼 학교길을 다니셨는데 학교를 내가 다닌 게 아니라 엄마가 다니셨다 해도 과언은 아닙니다.

학교는 산동네에서 돌아 나와 미아리고개를 넘어가서 있었지요. 참으로 힘들었을 그 길! 요즘처럼 흔해 빠진 휠체어 하나 보기 힘든 시절이었고 또한 점점 무겁게 느껴졌을 여덟 살의 나를 업고 말입니다. 지금의 나의 정서는 모두가 그때 만들어지던 시기였겠지만, 우리 엄마에게는 골고다언덕을 오르던 십자가의 길이었을 것입니다.

가을이면 가을꽃들을 보면서 등에 업힌 나에게 그 꽃들의 속삭임들을 전해주었던 그 길…, 이렇게 기타를 치는 밤이면 엄마가 더욱 보고 싶고 한없이 그리워집니다. 이젠 나도 이 아픈 몸으로 밥을 먹을 때나 힘든 어깨로 세수할 때도 우리 엄마가 생각납니다. 그래서 눈물 왈칵 쏟아지도록 외롭습니다. 이제서야 엄마께 고백해 봅니다. 나를 이런 몸으로 낳아줘서 정말 고마워요, 라고.

만일 내가 정상으로 태어나 살고 있다면 지금쯤 어떤 모습으로 살아가고 있을까요? 물론 알 수 없을 겁니다. 지금 이 모습이 아니었다면 세상은 내게 오르기 힘들었을 높은 장벽의 대상이었는지도 모릅니다. 다행히도 이런 몸으로 태어났기에 세상의 오묘함을 다 느끼며 살아가잖아요. 고마워요 엄마…

엄마! 엄마는 여전히 내 마음속에 항상 자리하고 있지만 나 또한 언젠간 그렇게 한 줌의 먼지로 변해서 차츰 소멸되겠지요. 엄마가 25년 전 그러셨던 것처럼. 그때는 정말 우리 엄마를 다시 만날 수 있겠지요? 나는 지금 그 길을 걸어가고 있는 중입니다 지금으로서는 그때 일을 전혀 알 수 없지만 이십오 년 전 우리 엄마의 임종 때 날 바라보던 눈동자가 말을 했습니다. 먼 훗날 만나자고. 먼저 가 기다리고 있겠노라고.

엄마가 떠나간 자리에 계절의 온갖 꽃들이 피고 지고 나 또한 이 모습으로 여기 이 자리에 서 있습니다. 여기 이곳은 어릴 적 나를 업어 학교를 다니시던 사랑하는 우리 엄마가 있는 자리, 가을바람에 우리 엄마의 옷고름이 나풀거립니다. 지금 내 마음속에서 우리 엄마가 눈물을 흘리고 계십니다.

배신의 끝

기나긴 터널을 빠져나온 것처럼 순간 눈이 부셔 현기증에 걸음걸이가 휘청거렸다.

우리는 결혼하지 않으면 안 될 정도로 서로 사랑을 하기는 했던 것일까? 아니다. 애당초 우리는 결혼을 하지 말았어야 했다. 정말이지 천근 추를 달고 살아야 했던 지난 삼십여 년, 삼백 예순 날들 거의 대부분의 날들을 서로의 이질감에 숨이 막혔다. 그것은 균열된 결혼생활의 좀과 같은 집착이었고 또 서로에 대한 안쓰러운 배신감은 앞으로의 삶을 더욱 곪게 할 것 같았다.

도무지 같은 공간 안에서 공존할 수 없었던 그 여자와의 결혼은 처음부터 핏빛 맹독을 바른 화살촉을 서로에게 겨눈 조준이었다. 또 그렇게 나의 참을성을 저울질하는 결혼의 굴레길을 헤매다 결국은 여기까지 왔다. 그렇게 생긴 삶의 균열은 끝없는 자존심의 드나듦으로 말미암아 그 틈을 더욱 벌어지게 했다.

아, 그동안 우리는 서로를 얼마나 떠나고 싶어 했던가! 늘 같은 자리에 있어도 서로 이음異音을 내는 만파식적의 숨 가쁜 현실을 얼마나 피하고 싶었을까!

나이 육십에 다시 혼자 몸이 되었다. 그것은 이율배반적이었던 결혼생활의 종착지에 서있는 또 다른 나의 분신임을 자각한다. 어차피 이렇게 될 줄을 몰랐었던 건 아니었지만,

참자! 조금만 더 참자고 속앓이를 했던 게 돌이킬 수 없는 알코올중독의 길로 접어든 지도 오래다. 어쩌면 진즉에 서둘러야 했을 일이었다. 나는 서툰 결혼으로 말미암아 세상의 모든 배신의 조각들이 날카로운 표창이 되어 나를 향해 날아오는 것을 보았다. 이제야말로 제대로 된 방패를 만들어 나를 향한 온갖 배신의 창들을 막을 것이다.

서초동 가정법원에서 양재역으로 걸어 나오는 길은 오고가는 사람들의 남모르는 배신과 한숨이 배어 있는 길이다. 이젠 내가 걸어가는 길에서 나를 향해 손 내밀어 주는 사람은 없을 터, 그리고 이제 아무런 말이 필요하지 않을 터!

나는 이제야 비로소 지나가는 소나기를 온몸으로 맞을 수 있을 것만 같다.

넋두리

요즘 나는 삶의 무게가 너무 무겁게 느껴져 정신적으로나 육체적으로 거의 녹초가 될 지경이다. 괴테의 파우스트박사처럼 젊음을 몽땅 달라는 건 아니더라도 더도 말고 딱 10년만 젊었어도 난 지금 내게 닥친 일을 능히 해낼 수 있을 것을. 경추수술을 한 마누라 간병부터 엄청난 분량의리포트도 젊디젊은 도깨비 방망이로 한 번 두들기면 다 될 것처럼 다 즐겁게 했을 것을, 환갑 다 된 뇌성마비의 몸으로 그 일들을 다하려면 힘에 부치는 건 사실이다.지금도 집사람과 저녁을 먹고 설거지까지 다 끝내놓고 한시라도 바삐 출석수업 시험공부는 고사하고 과제물부터 해야 할 시간에 내가 지금 무슨 짓을 하고 있는 건지모르겠다.

젠장~~하다하다 못하면 마는 게지. 공부가 밥 멕여 줄쏘냐… 살아간다는 건 정답도 없는데! 이러다가 몸이 더 상해버리면 나도 문제이지만 누가 있어 우리 마누라를 간병해줄까? 아들? 아무리 생각해도 아직은 그럴 기미는 안 보이는데… 모르지. 내 마음도 모르는

데 남 마음을 어떻게 아는가 말이다. 정말이지 몸뿐만이 아니라 머릿속까지 아픈 요즘, 다 내려놓고 마나님 간병이나 하면서 두문불출 글이나 쓰다가~~~갈까!

이춘식

1969년 안동 출생, 2013년~2017년 현재 글시네 회원.

몸살 (외 4편)

이 춘 식

몸살 끝자락에
다시 감기가 들었다

아득히 먼
노을 속으로 해가 빠져들듯이
너에게 나를 열었나

너를 사랑하는 죄로.

유언

아버지께서 언젠가 내게 말하셨다
너의 이름이 봄 춘에, 심을 식이니
늘 봄을 노래하는 마음으로 살아라
네가 힘겹고 괴로운 때에도
봄을 시샘하는 추위쯤으로 여기어라
네가 사랑을 잃어 방황할 때에도
봄에 비가 내리는 것쯤으로 생각하여라.
삶의 의욕이 없어
너의 자신이 사라지기를 스스로 원할 땐
봄날에 봄꽃이 지는 것쯤으로 마음먹어라
봄꽃이 진다고 해서 봄이 지는 건 아니니

정말로 봄이 가고
견딜 수 없는 낯선 여름이 오고 겨울이 올 때
그때에는
아들아, 너의 이름처럼
그곳에 봄을 심는 마음으로 살아라.

타인

인생은 타인입니다
내 맘 같지 않게 흘러
엉뚱한 곳으로 갑니다
내 인생이라고
내 마음대로 할 줄 알았는데
내 생각대로 될 줄 알았는데
타인처럼
내 뜻대로 되는 게 아니네요
처음 보는 타인 같아
아침마다 어색함을 감출 수가 없습니다
누군가와 동행한 하루 보내고
그 누군가와 헤어지다가
잠이라는 휴식이
나만의 시간인 듯하여 괜히 슬퍼집니다

목련

뜰에 목련의 꽃잎이 바람에 흔들려 떨어져
땅에 여기저기서 구르고 있는 것을
나는 쓸어 담아
쓰레기봉투에 넣으려다 말고
죄책감이 갑자기 들어
빗자루를 쥔 손이 떨리고
그 손과 다리가 후들거렸다

나뭇가지에 달려 있는 것만 꽃이고
바람에 흔들려 땅에 사뿐히 내려앉은 것은
꽃이 아니더냐! 하며 꽃잎들이 성난 듯 말하는 것처럼
어디에서선가 환청이 들렸기 때문이다.
그런 환청에 나를 진정시키고 난 후에
나는 꽃잎들을 보며 뇌까렸다.

너희들이 꽃이듯이 나 또한 꽃이다
이 세상 삼라만상에서 꽃이 아닌 게 어디 있으랴
꽃으로 귀하고 아름답지 않을 생명들이 어디 있으랴만

미안하다,

빗자루가 아니라 손으로 한 잎 한 잎 주워

너희들의 꽃 무덤을 만들어 줄게

외할머니

오지의 산골짝에서
농사지으며 사신 외할머니

외할머니는 밭에서 일할 때에는
신발을 신지 않으셨다.

땅을, 밭을 업신여기고서
어찌 달콤한 열매의 수확을 바라고 기대하겠니

늘 땅을 하나님처럼 경배하셨다
말썽피우던 어린 외손자인 내게도 타일렀다.

하찮게 생각하는
그 무엇도 업신여기지 말며
그 무엇보다
너 자신을 업신여기지 말라

너는 내가 수확한
열매 중에 열매

신이 우리에게 주신
축복 중에 축복이니

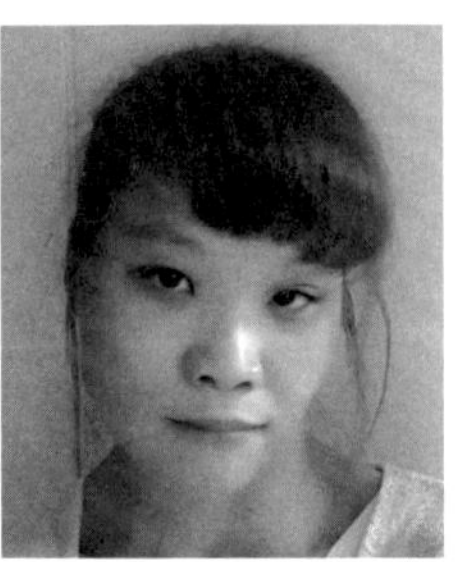

이현정

퍼포먼스를 좋아하는 사람, 글로 퍼포먼스 공연을 하고 싶은 사람, 모든 것들을 퍼포먼스 공연으로 만들어내는 아티스트가 꿈인 사람, 지금 트러스트 무용단에서 무용수로 활동 중. 글시네 회원.

별 (외 4편)

이 현 정

하늘에 별이 되고 싶다

왜?

별은 자기 몸으로 빛나게 하니까

항상 그 자리에 있으니까

보고 싶은 사람을 볼 수 있으니까

내가 죽으면 당신을 위해 별이 되고 싶다

별이 되어 당신을 빛나게 해주고 싶으니까

당신이 보고 싶을 땐 내려다 볼 수 있으니까

별이 되고 싶다

난 당신에게

난 당신에게 어떻게 보일지 모르겠어요
난 당신에게 행복한 모습만 보이고 싶어요
당신은 내게 이렇게 이야기 하네요
나의 모습 그대로 보여달라네요
너무 행복해 보이려고 하기도
너무 멋지게 보이려고 하기도
너무 애쓰지 말래요
그동안 그렇게 사랑했으니까
이젠 편하게 사랑을 하도록 당신이 더 많이 사랑해준다고 하네요
난 당신의 그 말을 듣는 순간 눈물이 나왔어요
행복의 눈물이

그래요, 난 그동안 애쓰고 힘든 사랑만 했어요
그런 모습을 봐왔던 당신
그런 내 모습이 화가 나서 외면해 왔다고 하네요
바보 같은 내 모습을 보는 순간
외면했었던 것들이 무너져 내렸다고 하네요

바보 같은 날 꼭 안아주네요

난 당신의 품을 느끼는 순간 눈물이 나왔어요

행복의 눈물이

당신의 손으로 내 눈물을 닦아주네요

행복한 눈물을

당신은 조용히 속삭여주네요

눈물 대신에 웃음만 있는 사랑하자

사랑해

이유

잘 살아가는 이유
잘 지내는 이유
눈물 안 흐른 이유
견뎌내야 하는 이유

아파야 하는 이유
슬퍼야 하는 이유
그리워하는 이유
보고 싶어 하는 이유

이 모든 것은
다 이유가 있습니다

그 이유는
바로 당신입니다

잘 살아가는 것도
잘 지내는 것도

눈물 안 흘린 것도
견뎌내야 하는 것도

당신이 있기 때문입니다

아무리 아파도
아무리 슬퍼도
아무리 그리워도
아무리 보고 싶어도

견뎌내야 할 이유는
바로 당신입니다

날 죽게도 하고
날 살게도 하는 당신

당신이 바로 모든 것에 대한 이유가 된 것입니다
나한테는

잊는다는 말

나한테 하는 말 중이다

그 사람을 잊으라는 말
그만 하라는 말
그만 지우라는 말
다시 안 돌아온다는 말
그 사람이 날 잊었다는 말
바보짓이라는 말

그래요
잊어야 하지만 잊을 수 없게 돼버렸는데
그만 해야 하지만 내 가슴이 계속 하는데
그만 지워야 하지만
내 가슴과 내 머리에는 그 사람뿐인데
돌아올 거라 생각도 하지 않아
그 사람은 날 기억하면 안 되니까 제발 날 잊기를 바랄 뿐이야
바보짓이라도 난 그 사람을 가슴에 묻고 살아야 하는데

그 사람 때문에 다른 사람에게 상처만 준 나인데
내 머리엔 그 사람 한 사람뿐인데
날 사랑하면 안 된다면서
다른 사람에게 내가 할 수 있는 말은 그 말뿐이야
미안하지만 나한테는 사랑하는 사람이 있다고
다른 사랑이 오는 것도 닫아 버렸나

이젠 더 이상은 잊으라는 말과 잊으려고 한다는 말은
나한테는 하지 말아요, 난 지금이 행복하니까요
바보가 더 행복할 수 있다는 말만 들을래요
난 하나만 아는 바보니까 행복하니까
나한테는 잊는 말은 없을 거예요
내가 가슴에 묻고 살 거니까요
때론 나를 외롭게 만들겠지만
이젠 그 외로움도 즐길 수 있을 거예요

당신을 잊지 않을 거예요
잊는다는 말도 하지 않을 거예요
잊는다는 말

기억에서 추락하다

난 아픔의 기억에서
추락하고 싶다.

난 슬픔의 기억에서
추락하고 싶다.

난 그리움의 기억에서
추락하고 싶다.

기억이라는 이름에 갇혀 사는
날 기억이라는 이름에서 추락해 버리고 싶다.

당신이라는 기억에서도 날
추락해 버리고 싶다.

하지만
기억이 없으면 내 자신이
진짜 추락해 버릴 것 같아서

비록
내가 아픔의 기억에서
내가 슬픔의 기억에서
내가 그리움의 기억에서
내가 당신의 기억에서
갇혀 살아도

기억에서 추락할 수가 없다

당신의 기억에서 살 수 있기 때문이다.
당신의 기억 속에서 평생 살 것 같으니까

그 기억들이
날 추락하고 싶다가도
날 잡고 있다

기억이
때로는 날 괴롭게 만들지만
날 잘 살 수 있게 만들 이유가 된 것이다

나중에
날 잡고 있었던 기억 속에서
그 기억 속에서 마지막을 추락하고 싶다

당신이라는 기억 안에서
마지막을

임성미

재일동포 4세, 1999년에서 4년 간 한남대학교에서 수학한 후 일본으로 돌아가 직장생활을 하다가 한국에서 결혼, 지금은 육아 중.

치과

임 성 미

복지관 치과에서 앞니가 세게 부딪친다고 앞니 뒷면의 울퉁불퉁한 부분을 세 군데나 깎았다. 충치도 아닌데 말이다.

그랬더니 이제까지 닿지 않았던 위쪽 옆니가 닿아서 너무 불편하고 불쾌하다. 앞니의 높이가 낮아져서 앞니와 오른쪽 모든 이의 위 아래가 서로 닿지 않게 되었고 왼쪽으로 기울어졌다. 또 왼쪽 어금니가 세게 부딪쳐서 아프다.

원래는 앞니를 깨물면서 발음하고 있었는데 이제는 그렇게 되지 않아서 '이'와 '으' 발음이 어려워져서 매우 괴롭다. 그리고 입도 항상 삐쭉거리게 된다. 이게 너무너무 싫다.

이제 2년이 지나가는데 전혀 적응이 안 되어서 미치겠다. 맨날 아침부터 기운이 솟지 않으며 마음의 상처도 엄청 크다. 게다가 왜 진

료시간에 소방대피훈련방송이 요란하게 울리는지. 복지관 치과에는 절대 안 간다고 직원한테 말하고 다녔는데, 이게 무슨 한인가. 입안까지 불편해지다니.

나는 의료사고를 당할 운명인지 태어날 때의 의료사고로 장애를 안고 살아가고 있는데 설상가상으로 이가 아파 2년 내내 하루도 편한 날이 없고 이를 악물어야 하니 더 많이 아프다.

이제부터 즐기면서 육아를 잘해보려고 하고 있을 때에 왜 이런 일이 일어나는지, 앞으로 계속 이렇게 살아야만 하는지 막막하다.

요즘에는 전동 휠체어를 타고 기쁨이가 공부하는 어린이집에 자주 마중을 나간다. 두 번째 마중을 갔을 때는 왜 아빠가 오지 않았냐며 울어서 민망하기도 했지만 오늘은 기쁨이를 무릎에 앉히고 출산 후에 사용했던 골반벨트로 기쁨이와 나를 전동 휠체어에 묶고 포장마차로 가 오뎅을 사먹었다.

태어나 처음 포장마차에서 오뎅을 먹는 기쁨이를 보며 행복했다. 다 먹기도 전에 우리의 행복을 시기했는지 벌 한 마리가 날아와 윙윙거려 무서웠지만 나는 내 아이에게 달려드는 벌을 온몸으로 쫓았다. 내 모성애로.

황민규

2010년 도봉푸른장애인독립생활센터 소장 역임, 『문학저널』에 「붓다템블」 외 3편으로 신인문학상, 2013년 사)뇌병변장애인인권협회 주관 작품공모전 입상. 현재 노원문인협회 회원, 글시네 회장, 국립방송통신대학교 국어국문학과 재학, 노원중증장애인독립생활센터 근무 중.

아홉 날개의 천사 (외 4편)

황 민 규

콧등을 찌르던
매캐한 새벽이
칼날처럼 달려들며
목숨 줄을 저울질했다.

세상이 너로 행복해 하고
너로 하여
삶을 놓아야 했다.

때론 귀하고
때론 보잘 것 없어
없는 것 취급을 받았던
그는
아홉 날개
천사가 되었다.

눈물꽃

눈물 같은 이슬이
아침햇살처럼
하얗게 웃고 있어요.

그대 어깨에 기대어
떨리는 가슴
달아날까 두려워
그대를 밀어 냅니다.

따뜻한 그대 손에
백지장처럼 차가운 마음이
아랫목인 양
나른해옵니다.

그대가 내 사람이길
기도하는 것조차
사치인 것을
습관처럼 품고 말았습니다.

삶이 영원하지 않아
헤어지는 날이 오겠지만
마지막 한숨까지
그대 품에 살기를
소망하며 애원합니다.

슬퍼서 피어난 것이 아니라
너무 기뻐
너무 행복하여
아침햇살에 빛나는
영롱한 꽃이 되었습니다.

그대가 희망이라고
사랑한다고
엷은 미소 주시면
더욱 커다란
눈물 꽃이 됩니다.

時簡을 그리다

서툰 언어
어설픈 몸짓으로
모두가 함께

보이지 않는다고
인정하지 않았지만
개미허리만큼
성장하고 있음을 기억하자

같은 시간
같은 곳을 보며
같은 길에서
주어짐에 기꺼워하며
우리 몫의
시간을 그려가기를 기대한다.

화려하지 않다고
주어지는 것이 적다고

허울 좋은 하소연은 말자.

서툴고

실수가 많음을 인정하자

하려는 의지만 보여준다면

그것으로

모두

이루어지리라

그리움이 그리움에게

그리움이 그리움에게
한 줄짜리 편지를 써요
파스텔 빛 하늘 닮은
한 줄짜리 성긋한 편지를 써요

고운 눈망울과
하얀 미소 그리움에게
목화솜 같은
편지를 써요 한 줄짜리

둘이어서
함께할 것이 많아
다 가진 그리움이
그리움에게
한 줄짜리 편지를 써요

안개처럼 찾아와 준
사랑 앞에

바람처럼 다가온
사랑 앞에
그리움이 그리움에게
한 줄짜리 편지를 써요

그 사람 사랑할 수 있도록

당신의 냉철한 사랑 앞에
나는 언제나 활화산처럼
뜨거운 사랑일 수 있도록

시간이 오래지 않아
다 알 수는 없지만
용기를 내어
당신께 다가갈 수 있도록

태양처럼 뜨겁거나
하얀 겨울처럼 차가운 사랑이 아닌
동풍과 같은 바람으로
처음처럼
그리고
마지막일 수 있도록

지금 이 순간
그 사람 허락하여 주십시오.